Langenscheidt

Was ist das?

Deutsch lesen und schreiben üben

Langenscheidt

München · Wien

Projektleitung: Evelyn Glose

Zeichnungen: Hans-Jürgen Feldhaus

Redaktionelle Mitarbeit: Tina Schippers

Ergänzende Hinweise, für die wir jederzeit dankbar sind, bitten wir zu richten an:
Langenscheidt Verlag, Postfach 40 11 20, 80711 München
redaktion.wb@langenscheidt.de

© 2016 Langenscheidt GmbH & Co. KG, München
Layout: Fuchs Design, München
Satz: Franzis print & media GmbH, München
Druck und Bindung: Druckerei C. H. Beck, Nördlingen
Printed in Germany
ISBN 978-3-468-20604-7

16010

Inhalt

Liebe Eltern, liebe Lehrerinnen und Lehrer,
Dear parents and teachers,

„Was ist das?" ist ein klar strukturiertes, liebevoll gestaltetes Bildwörterbuch für Kinder, mit dem sie sowohl lesen als auch schreiben üben können. Unter jedem Bild steht der deutsche Begriff mit dem dazugehörigen Artikel in großer, hellgrauer Druckschrift, so dass die Kinder das Wort nicht nur gut lesen, sondern auch nachspuren können. Die leeren Zeilen darunter sind zum eigenhändigen Nachschreiben bestimmt:

"Was ist das?" is a clearly designed, lovingly crafted picture dictionary intended to help children practise their reading and writing. The German word and corresponding article are printed in large, light grey letters beneath each picture so that they can be easily read and traced by the children. The empty lines below each word are for the children to practise writing out the word themselves:

der Hase

der Hase

der Hase

Dank Druckschrift und dreizeiliger Grundschul-Lineatur können Kinder ab der 1. Klasse mit dem Buch arbeiten. Sie erweitern damit nicht nur ihren Wortschatz im Deutschen, sondern lernen auch gleich den korrekten Artikel zu jedem Substantiv mit. Durch das Nachspuren und selbst Schreiben prägen sich die Wörter gut ein.

„Was ist das?" ist sowohl für deutschsprachige Grundschulkinder, als auch für Kinder mit Migrationshintergrund konzipiert, die sich die deutsche Sprache und die lateinische Schrift gerade aneignen.

The use of printed letters and blocks of three ruled lines (standard on German primary school writing paper) means that children can work with the book from their first year at primary school. It will help them to expand their German vocabulary at the same time as learning the right article for each noun. Tracing and writing out the words consolidates them in the children's memory.

"Was ist das?" is designed both for German-speaking primary school children and for children from a migrant background who are learning the German language and Roman alphabet.

Ihr Langenscheidt Wörterbuch-Team
Your Langenscheidt dictionary team

A a  B b

C c D d E e

F f  G g

H h  I i

J j  K k

L l  M m

Nn Oo

Pp Qq Rr

Ss Tt

Uu Vv

Ww Xx Yy

Zz ß

7

die Familie

das Baby

die Mutter

der Vater

die Großmutter

der Großvater

die Schwester

der Bruder der Junge

der Freund, die Freundin

das Mädchen

die Tür

das Fenster

der Schlüssel

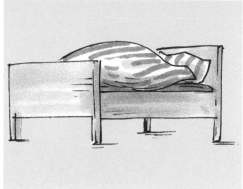

die Treppe

das Bett

das Schlafzimmer

müde

schlafen

laut

leise

die Küche

der Tisch

der Stuhl

das Radio

der Fernseher

die Zeitung

das Buch

das Bad

der Spiegel

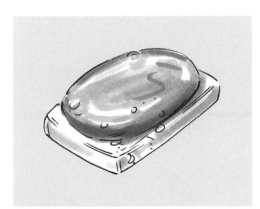

die Seife

die Dusche

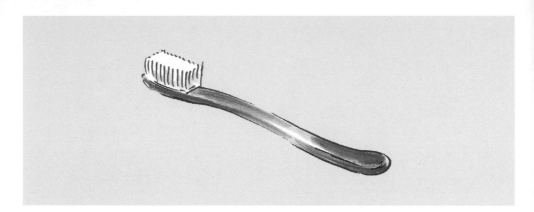

die Zahnbürste

die Zahnpasta

das Handtuch

lachen

weinen

singen

lesen

das Brot

der Käse

die Wurst

das Ei

das Obst

der Apfel

die Birne

die Orange

die Zitrone

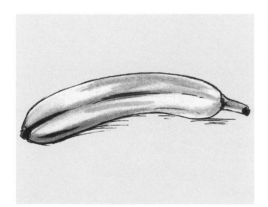

die Banane

die Kirsche

die Erdbeere

das Gemüse

die Kartoffel

die Tomate

die Karotte

die Süßigkeiten

die Schokolade

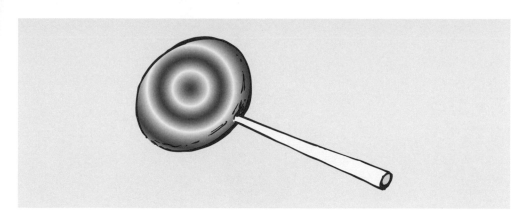

der Lutscher

der Kaugummi

die Limonade

der Kuchen | das Eis

die Milch

der Keks

heiß

kalt

essen

trinken

hungrig

satt

die Flasche

das Glas

die Tasse

der Teller

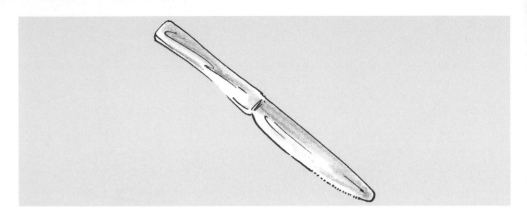

das Messer

die Gabel

der Löffel

das Spielzeug

spielen

der Teddy

die Puppe

der Ball

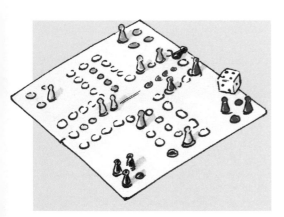

das Spiel

der Würfel

das Puzzle

das Auto

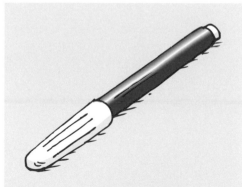

der Zug

der Stift

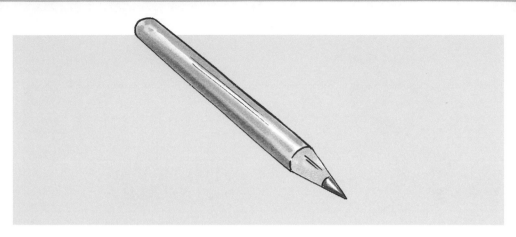

der Bleistift

der Radiergummi

die Schere

der Block

der Klebstoff

schreiben   zeichnen

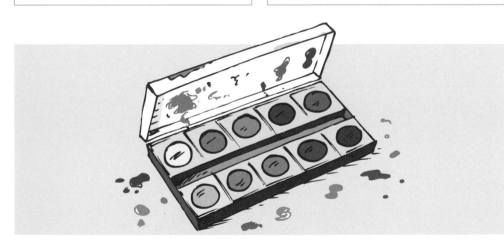

die Wasserfarben

die Prinzessin

der Ritter

die Hexe

der Spielplatz

die Schaukel

die Rutsche die Wippe

der Sandkasten

der Sand

der Eimer

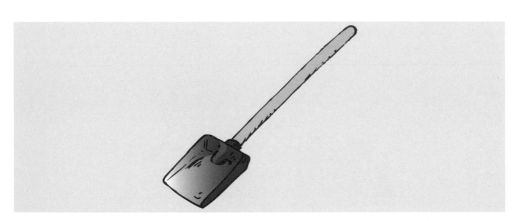

die Schaufel

die Sandförmchen

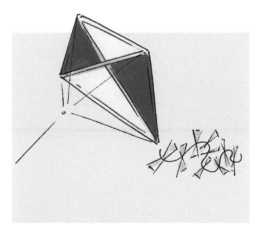

der Drachen

der Fußball

die Rollschuhe

das Skateboard

rennen

hüpfen

werfen

fangen

der Zirkus

der Clown

der Zauberer

der Jahrmarkt

der Luftballon

die Achterbahn

das Riesenrad

das Karussell

die Geisterbahn

der Zoo

Skifahren

Schlittschuhlaufen

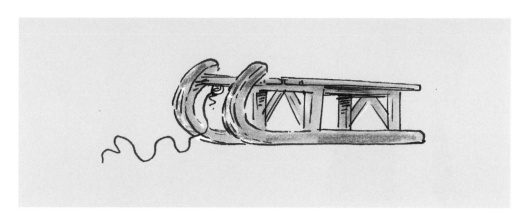

der Schlitten

der Schneemann

der Schneeball

klettern

wandern

der Rucksack

das Baumhaus

sich verstecken

reiten

tanzen

der Arm

das Bein

die Hand

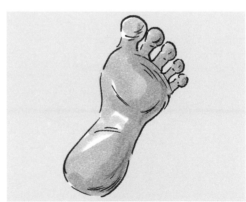

der Fuß

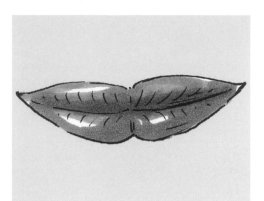

der Mund

die Nase

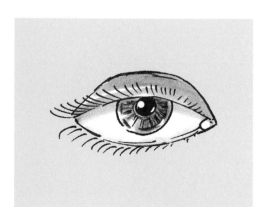

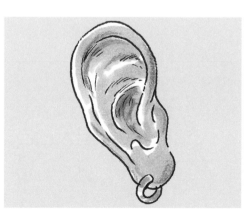

das Auge

das Ohr

die Kleidung

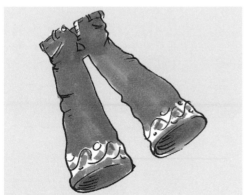

die Hose

der Rock

das Hemd

das Kleid

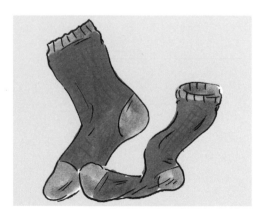

die Socken

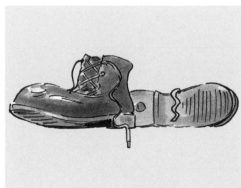

die Schuhe

der Mantel

der Schal

alt

neu

die Sandalen

der Regenmantel

die Gummistiefel

der Regenschirm

Frühling

Sommer

Herbst

Winter

die Sonne

der Mond

der Stern

die Wolke

der Wind

der Regen

der Regenbogen

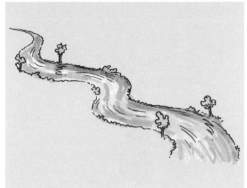

der Schnee der Fluss

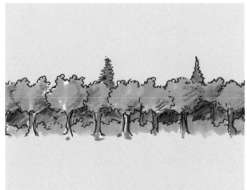

der Berg der Wald

der Baum

die Blume

das Gras

die Rose

die Tiere

der Hund

die Katze

der Vogel

die Maus

die Kuh

das Pferd

das Pony

füttern

streicheln

das Schaf

das Schwein

der Hase

die Ente

das Huhn

der Hahn

der Fuchs

der Bär

der Löwe

der Tiger

der Elefant

die Giraffe

das Kamel   der Affe

das Krokodil

die Schlange

der Pinguin | der Frosch

der Fisch

der Delfin

die Muschel

der Seestern

die Biene

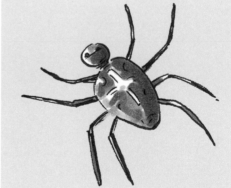

die Spinne

der Schmetterling

der Marienkäfer

die Ferien

der Koffer

packen

verreisen

der Bauernhof

das Hotel

das Zelt

der Wohnwagen

der Schlafsack

das Meer

die Welle

die Insel

der Strand

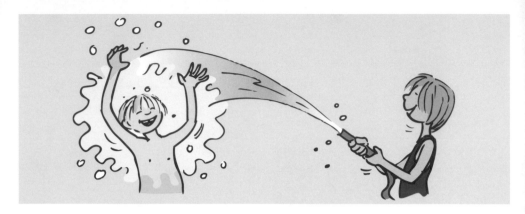

das Wasser

der Leuchtturm

das Schiff

der Bikini

der Badeanzug

die Badehose

der Schwimmreifen

die Schwimmflügel

schwimmen

planschen

der Wasserball

die Luftmatratze

das Schwimmbad

der Sonnenschirm

die Sonnenbrille

der Sonnenbrand

die Hängematte

der Liegestuhl

die Sandburg

bauen

das Foto

der Fotoapparat

die Postkarte

die Stadt

das Dorf

das Haus

die Kirche

das Hochhaus

das Schloss

der Turm

die Brücke

der Park

das Rathaus

die Polizei

der Polizist

die Apotheke

die Feuerwehr

der Feuerwehrmann

das Krankenhaus

der Krankenwagen

die Ärztin

die Schule

der Kindergarten

die Post

der Brief

der Briefkasten

das Restaurant

der Kellner

die Bank

die Bücherei

das Kino

das Theater

das Museum

gehen

fahren

schnell

langsam

das Fahrrad

der Radweg

das Auto

die Ampel

die Kreuzung

der Parkplatz

der Bürgersteig

der Zebrasteifen

die Autobahn

der Stau

anhalten

die Straßenbahn

die U-Bahn
der Zug

der Bahnhof

die Fahrkarte

die Bushaltestelle

der Bus

das Taxi

das Motorrad

der Lastwagen

das Flugzeug

der Flughafen

fliegen

der Hubschrauber

das Geld

die Münze

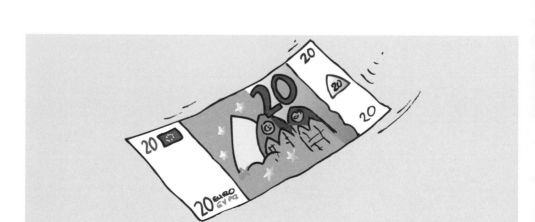

der Geldschein

der Geldbeutel

arm

reich

der Markt

die Metzgerei

die Bäckerei

der Gemüseladen

die Buchhandlung

die Tierhandlung

der Schuhladen

der Blumenladen

der Supermarkt

der Einkaufswagen

schieben

die Kasse

die Verkäuferin

billig

teuer

kaufen

bezahlen

die Tasche

tragen

schwer

leicht

eins

zwei

drei

vier

fünf

sechs

sieben

acht

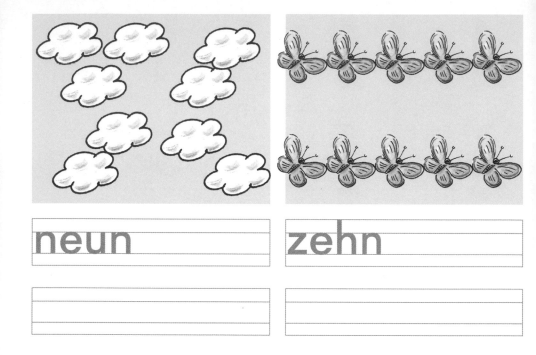

neun

zehn

zählen

schwarz

weiß

rot

orange

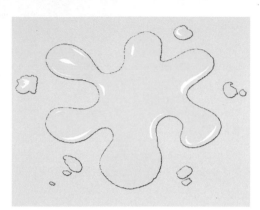

gelb

grün

blau

braun